Dieses SchneiderBuch gehört

Geschenkt von

Für Talina und Philip

REINER STOLTE

Das verrückte ABC

SCHNEIDER BUCH

A

Zum **A**bendbrot die **A**nne **a**ß
'nen **A**pfel und **a**cht **A**nanas.

Der **A**ffe hier ist sehr **a**part
auf **a**lbern-**a**usgeflippte **A**rt.

a

Der Alligator angelt Aale
zum allerersten Male.

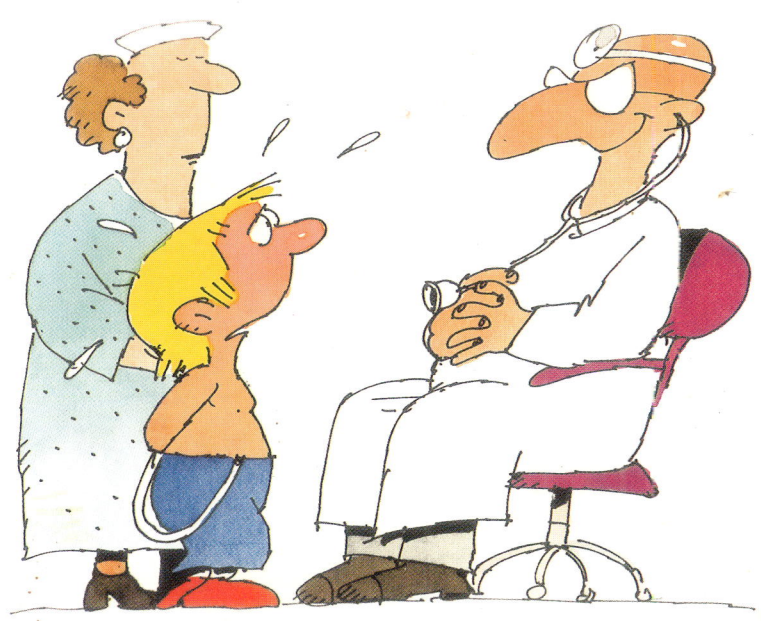

Der Alfons arge Angst verspürt,
als er dem Arzt wird vorgeführt.

B

Auf einem **B**erg ein **B**öcklein stand,
ein **B**rot mit **B**utter in der Hand.

Der **b**ullige **B**är in **B**irnen **b**eißt,

der **b**ärtige **B**auer **B**ernhard heißt.

b

Der **b**rave **B**utler eilt herbei,

als das **B**aby **b**rüllt nach **B**rei.

Der **B**ison **b**adet **b**is zum **B**auch,
die **b**unte **B**eutelratte auch.

C

In **C**hicago auf einer **C**ouch im **C**afé
sitzt ein **c**harmanter **C**hinese beim Tee.

Charly, der **C**lown, auf Händen geht,
die **C**leo auf den **C**äsar steht.

Der **C**owboy **c**ool den **C**olt hier hält,
die Kugel auf den Boden fällt.

Beim **C**hristfest singen die Kinder im **C**hor,
ein **C**hamäleon mit **C**ello kommt selten vor.

Der **d**ünne **D**ackel **d**üst **d**aher,
doch **d**ummerweise ist **d**ort Teer.

Die **d**rei **D**rachen trinken hier
im **d**ichten **D**ampfe **D**osenbier.

d

Der **D**iener führt **d**ie **D**ogge aus,
am **D**onnerstag bleibt er zu Haus.

Die **d**icke **D**ame **d**eckt **d**en Tisch –
das **D**romedar mag keinen Fisch.

Die Ente kommt vom Eiland,
weil sie dort ihr Ei fand.

Ein Elefant ist schon sehr schwer,
elf ebensolche noch viel mehr.

Der **E**skimo in **E**ile war,
als **e**r das **E**inhorn kommen sah.

Eber, **E**sel und der **E**lch
essen **E**rdbeer-**E**is im Kelch.

Die **F**ledermaus am **F**enster saß
und einen **F**aschingskrapfen **f**raß.

Das **F**erkel in sein **F**utter **f**log,
der **F**örster sich vor Lachen bog.

Am **F**reitag **f**ährt das **F**lußpferd **F**loß,
mit **F**reude und mit **f**euchter Hos'.

Der **F**uchs und der **F**rosch, die **f**ahren Rad,
das **F**aultier **f**indet **F**liegen **f**ad.

Das **G**ürteltier ißt mit der **G**abel
seinen **G**riesbrei – wie blamabel.

Der **G**rizzly **g**rapscht mit **g**rober Tatze
nach **G**ustavs **g**latter **G**roßstadt-**G**latze.

Herr **G**orilla **g**eht – o **G**raus! –
mit seiner **G**attin **G**unda aus.

Der **G**eier die **G**itarre **g**reift,
der **G**eißbock **G**ünter **g**anz **g**ut pfeift.

Der **H**und mit **H**alstuch und Gewehr
hetzt **h**inter **h**undert **H**asen **h**er.

Hoch oben auf der **H**ütte **h**ockt
die **H**exe **H**umpelbein und bockt.

h

**Der Häuptling hat 'nen Hängebauch
und eine hübsche Hose auch.**

Der Hirte hier die Herde hütet,

im Hühnerstall der Habicht wütet.

Irgendein **I**ndianer fand
den **I**gel **i**rre **i**nteressant.

Ein **I**ngenieur aus **I**tzehoe
fuhr nach **I**talien an den Po.

i

Irgendwo **i**n **I**llertissen
liegt **I**gor **I**ltis **i**n den Kissen.

Die **I**lse **i**ßt **i**n Buxtehude
fast **i**mmer an der **I**mbißbude.

Das **j**unge Ferkel **J**onathan
tritt **j**edes **J**ahr beim **J**oggen an.

Josef, der **J**aguar, **j**obbt am Bau –
im **J**anuar **j**edoch, da macht er blau.

j

Der **J**äger **J**akob **j**auchzt im Wald,
weil **J**azz aus seinem Radio schallt.

Der **J**üngling **j**ammert, die **J**acke **j**uckt,

der kleine **J**apaner den **J**oghurt ausspuckt.

Die **K**rähe hier am **K**äse **k**nabbert,

der **K**önig **k**alten **K**affee schlabbert.

Kaninchen **k**auen gern **K**arotten,

das **K**änguruh liebt **K**itsch-**K**lamotten.

Der **K**asperl **K**larinette spielt,

der **K**ater nach der **K**atze schielt.

Das **K**rokodil die **K**röte **k**üßt,

der **k**leine **K**obold **K**rapfen ißt.

L

Das **L**ama **l**iebt es, weit zu spucken,
der **l**ange **L**ulatsch muß sich ducken.

Der **L**uchs, der **l**öffelt **L**ebertran,
weil er dann **l**eichter **l**aufen kann.

Lässig-**l**ocker **l**atscht der **L**eo
die Straße **l**ang mit **L**iebling Theo.

Die **L**otte **l**eckere **L**akritze **l**utscht,

der **L**öwe **l**ieber **l**angsam rutscht.

Mit **M**ütz' und **M**antel geht die **M**aus,
meist **m**üde, **m**orgens aus dem Haus.

Max, das **M**eerschwein, **M**ilchreis **m**ampft,

mitunter dann der **M**agen krampft.

m

Im **M**onat **M**ärz **m**otzt **M**aulwurf **M**ike
mühsam auf sein **M**otor-Bike.

Wenn **M**uskelkater **M**usik **m**achen,
müssen **M**iezen **m**eistens lachen.

N

Ein **n**agelneues **N**achtgewand
die **N**elly sich **n**ähte mit flinker Hand.

Das **N**ilpferd **n**ackte **N**udeln ißt,

das **N**ashorn **n**ie **n**eun Meter mißt.

n

Nico, der **N**ager, '**n**e **N**uß zerbeißt,

die **n**asse **N**atter bei **n**ull Grad vereist.

Norbert, der **N**asenbär, **n**ächtens **n**iest,
seinen **n**örgelnden **N**achbarn dieses verdrießt.

O

Bei **O**rkan, wenn's blitzt und kracht,
der **O**tter sich ein **O**melett macht.

Als **O**nkel **O**tto **O**rgel spielte,

der **O**chs auf seinen **O**rden schielte.

Der **O**pa **o**ft am **O**fen sitzt,
und **O**ma ihre **O**hren spitzt.

Der **O**ber bringt einen **O**bstsalat,

der **Ö**kobauer **O**-Beine hat.

P

Der **P**apagei die **P**uppe **p**ackt
und **p**oltert los im **P**olkatakt.

Porsche-**P**udel **p**lanscht im **P**ool,

Perücken-**P**aule gibt sich cool.

Der **P**anda **p**lärrt als Discjockey
zur **P**udding-**P**arty: „**P**ower-**P**lay!"

Der **P**uma **p**atscht mit **p**lumper **P**ratze
dem **P**olizisten auf die Glatze.

Der **Q**uerulant **q**uatscht gerne **q**uer
und **q**uält die andern damit sehr.

q

Die **q**uietschvergnügte **Q**ualle **q**uillt
aus **q**uittegelbem Schotten-Kilt.

Das Frosch-**Q**uartett quirlt **Q**uark in Pfützen
mit **Q**uasten auf den **Q**uaddel-Mützen.

Rentier-**R**ücken schmeckt dem Lappen,

Ritter **R**udolf **r**eitet **R**appen.

Rico, die **R**atte, **r**ennt mit dem **R**oller,

der **R**abe mit **R**ose **r**ast noch viel toller.

Die **R**unkelrübe **r**anzig **r**iecht,

das **R**indvieh **R**ichtung Danzig kriecht.

Das **R**üsseltier auf **R**eisen geht,
der **R**egenschirm ihm **r**echt gut steht.

S

Der **S**aurier **s**eine **S**uppe **s**chlabbert
und auf den **s**chicken **S**chal **s**ich **s**abbert.

Das **S**chweinchen **s**ieben **S**altos **s**chlägt,

der **S**ägefisch den **S**tamm zersägt.

S

Das **s**chwarze **S**chaf **s**teht **s**till im **S**tall,
nur **s**chmatzen tut's von Fall zu Fall.

Das **S**tachelschwein **s**pielt **S**axophon,

das **S**tinktier **s**ingt 'nen **S**chnulzen-**S**ong.

T

Der **T**iger **t**oll auf **T**atzen **t**änzelt,

der **T**eufel mit dem Schwanze schwänzelt.

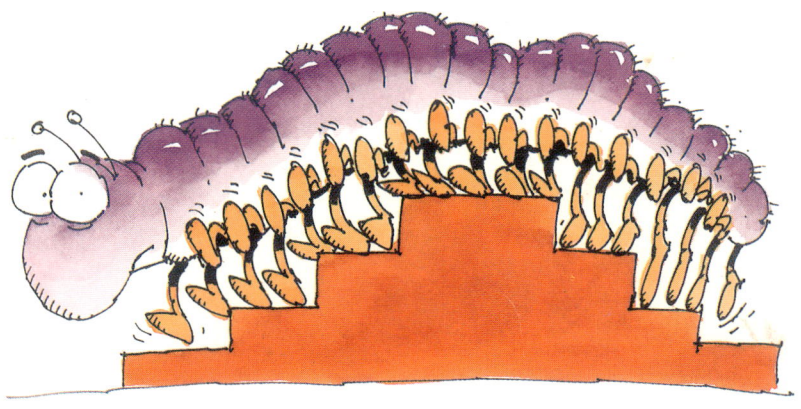

Der **T**ausendfüßler **t**rippelt im **T**rab
die **T**reppe **t**äglich auf und ab.

t

Tante **T**ine **t**eilt die **T**orte
auf **t**iefe **T**eller, ohne Worte.

Der **T**ruthahn **t**urtelt mit der **T**aube
unter einer **T**rockenhaube.

U

Das **U**-Boot irrt im **U**rwald **u**mher,
es findet das **U**mleitungsschild nicht mehr.

Der Uhu seinen Urlaub plant,

die Unke immer Unglück ahnt.

Das Untier nach der Uhrzeit fragt,
der Urmensch keine Uhr umhat.

Der **V**iktor **V**ioline spielt,

der **V**ampir auf **V**erena schielt.

Der **V**alentin **V**anille-Eis aß,
wobei er auf der **V**ase saß.

Vier **V**ögel spielen **V**olleyball,

das **V**ieh, das steht im **v**ollen Stall.

Der **W**ikinger kein **W**igwam hat,
er **w**ohnt in einem Haus anstatt.

Das **W**arzenschwein mit Dauer-**W**elle
folgt dem **W**idder **w**ieselschnelle.

W

Der **W**alter an die **W**and **w**as kreidet,

das **W**alroß auf der **W**iese **w**eidet.

Als **W**aldemar im **W**alde **w**ar,
war auch der **W**olf da – **w**underbar!

Der **X**erxes war Darius' Sohn,
nur griechisch schrieb der **X**enophon.

Der **X**aver spielt das **X**ylophon
nun zum **x**-ten Male schon.

Der Sokrates wurd' an der Strippe
geführt von seinem Weib **X**anthippe.

Yak, so heißt das Tibet-Rind,

in New **Y**ork die **Y**ankees sind.

y

Der **Y**ogi macht auf seiner **Y**acht
Yoga gern, die ganze Nacht.

Mit **Y**en man zahlt in **Y**okohama
für **Y**o- **Y**os und die Frühstücksrama.

Z

Der **Z**entaur **z**iemlich **z**ittert,
als er den **Z**yklopen wittert.

Der **Z**ahnarzt **z**ögert mit der **Z**ange,
wie sich **z**eigt, etwas **z**u lange.

Z

Zwei **Z**werge **z**ielen mit den **Z**ungen
auf **z**ahme **Z**iegen mit **z**ehn Jungen.

Zu Hause **z**ieht der **Z**ottelbär
die **Z**ipfelmütze aus, und mehr.

Die Deutsche Bibliothek – CIP-Einheitsaufnahme

Stolte, Reiner:
Das verrückte ABC : wenn Muskelkater Musik machen /
Reiner Stolte. – München : F. Schneider, 1993
  ISBN 3-505-04870-4
NE: HST

© 1993 by Franz Schneider Verlag GmbH
Frankfurter Ring 150 · 80807 München
Alle Rechte vorbehalten
Text, Illustrationen und Umschlaggestaltung: Reiner Stolte
Lektorat: Helga Jokl
Redaktion: Nicola Aschenbrenner
Herstellung: Gabi Lamprecht
Satz: FIBO Lichtsatz GmbH, München, 18' Helvetica
Druck: Tiskarna Ljudske pravice, Ljubljana, Slowenien
ISBN: 3-505-04870-4